greenfield approach

Auf der grünen Wiese wachsen die Ideen

Michael Schmid

Bibliografische Information der Deutschen Bibliothek
Die Deutsche Bibliothek verzeichnet diese Publikation in der Deutschen Nationalbibliografie; detaillierte bibliografische Daten sind im Internet über http://dnb.ddb.de abrufbar.

© 2019 it-dialog e.K.
Im Internet: www.it-dialog.com
          greenfield.it-dialog.com

Autor: Michael Schmid, Email: greenfield@it-dialog.com
Umschlag, Illustration: Matthias Weinert, Hamburg
Redaktion, Lektorat: Alexander Hoffmann
Layout: Johann-Christian Hanke, www.buchlayout.info, Vorlage: »Mein edles Sachbuch«
Art-Direktion: Birgit Siege-Schmid
Druck und Vertrieb: tredition GmbH, Hamburg

Herausgeber und Verlag:
it-dialog e.K.
Kornkamp 38
22926 Ahrensburg
AG Lübeck: HRA 3390 AH
E-Mail: verlag@it-dialog.com

Dieses Buch:
Hardcover: ISBN 978-3-96459-000-8
Paperback: ISBN 978-3-96459-001-5
E-Book: ISBN 978-3-96459-002-2

Die Broschüre:
Papierausgabe: ISBN 978-3-96459-003-9
E-Book: ISBN 978-3-96459-004-6

Widmung
Meiner Familie

Inhaltsverzeichnis

1. Kapitel: Mit neuen Strukturen gewinnen

Es gibt eine Reihe lange erfolgreicher Unternehmen, die den rasanten Wandel in der Wirtschaft verschliefen, weil ihnen die Fähigkeit fehlte, alte Strukturen aufzubrechen. Greenfield Approach ist eine interessante Möglichkeit, genau dies zu tun.

Wie Weltunternehmen den Wechsel verschliefen und ihn andere schafften.

Zum Beispiel Kodak, zum Beispiel Nokia – spektakuläre Untergänge, wohin man in der Wirtschaft schaut. So manchen Global Player hat es in den letzten Jahren erwischt, stolze Weltfirmen gingen Pleite oder haben sich an den Rand, in die Bedeutungslosigkeit gespielt. Auch in Deutschland droht diese Gefahr. Ob Automobilproduzenten, Banken oder Einzelhändler – viele tun sich in vielen Branchen mit Innovationen schwer, sie haben beispielsweise massive Probleme, ihre Geschäftsmodelle zu digitalisieren.

Diesen Unternehmen mangelt es an der Fähigkeit zur „Disruption", dem Willen, alte Strukturen aufzubrechen. Etwa mit dem Greenfield Approach im Rahmen einer Disruption.

Abb. 1 Disruption. Wie entfaltet man sich?

Der Begriff „Disruption" kommt bisweilen als Modewort daher, nicht alles und jedes braucht das. Doch der Ansatz Greenfield Approach als Teil einer Disruption hat, klug und kreativ ausgeführt, durchaus seinen Sinn. Davon und von noch viel mehr handelt dieses Buch.

1.1 Die alte Denke

Kodak war der Produzent der ersten Fotoapparate für breite Schichten und der weltweit größte Hersteller für Fotofilme. Der Konzern in Rochester bei New York ruhte sich keineswegs auf seinen Lorbeeren aus, er hatte diverse innovative Firmen aufgekauft, um technologisch keinen Fadenriss zu erleiden. In den Entwicklungs- und Marketingabteilungen gab es viele frische Ideen, doch sie drangen beim mittleren Management nicht durch und erreichten schon gar nicht die Unternehmensleitung. Schon 1991 hatte Kodak die erste Digitalkamera serienreif (erfunden von einem Kodak-Angestellten), doch die Konzernspitze verfolgte das Projekt nur zögerlich. Man wollte unter keinen Umständen das angestammte, höchst lukrative Geschäft mit den Fotofilmen gefährden. Die Filme, so die Denke im Kodak-Kosmos, würden noch sehr lange gutes Geld bringen.

Taten sie aber nicht. Binnen weniger Jahre eroberten sich die Digitalkameras weite Teile des Markts, der Absatz herkömmlicher Fotofilme stürzte ab, Kodaks Stammgeschäft wurde praktisch überflüssig. Nach einem jahrelangen Überlebenskampf musste der Weltkonzern 2012 Insolvenz anmelden, zehntausende von Arbeitsplätzen gingen verloren. Auch heute noch gibt es Kodak, aber eine Nachfolgefirma führt nur noch ein Nischendasein.

1.2 Finnlands Stolz

Rund um die Jahrtausendwende und noch einige Jahre danach war der Nokia-Klingelton überall in den Büros und auf den Straßen zu hören. Der finnische Kommunikationsriese war die Nummer 1 bei Mobiltelefonen, nachdem er 1998 den früheren Platzhirsch Motorola abgehängt hatte. Nokia war der Stolz Finnlands, der weltweit dominierende Handy-Hersteller. Zeitweise kam jedes dritte Handy auf dem Globus von Nokia.

Nokia war bis dahin auch ein Beispiel für den erfolgreichen Wandel von Unternehmen. Nokia hatte 1865 als Papierhersteller begonnen, dann zwischenzeitlich Gummistiefel und Reifen verkauft, ehe das Management die Chancen sah, die das neue Produkt Handy versprach.

Dann tauchte das Smartphone als Weiterentwicklung des klassischen Mobiltelefons auf. Anfangs lief das recht zäh, aber die Finnen beherrschten mit ihren Tastaturapparaten den damals noch winzigen Smartphone-Markt und erzielten Marktanteile von über 50 Prozent.

Bis das iPhone von Apple kam. Das Apple-Gerät revolutionierte 2007 den Mobilfunkmarkt, Touchscreens und Apps waren plötzlich der neue Trend. Bei Nokia war man nicht untätig geblieben, war früh mit internetfähigen Mobiltelefonen präsent, mit der Plattform Symbian wurde schon 1998 ein Betriebssystem für Smartphones entwickelt. Aber Symbian war nicht sexy – es war weder hinreichend zum Kunden hin integriert, noch löste es in der Branche und bei den Produzenten von Apps die Begeisterung aus, die etwa Microsoft mit Windows ab 1989 hervorgerufen hatte.

1.3 Fataler Trugschluss

Nokia wehrte sich lange gegen das iPhone-Konzept der berührungsempfindlichen Bildschirme und intuitiver Benutzerführung, setzte weiter auf die Tastatur und auf die Strahlkraft der eigenen Marke. Noch Jahre nach der Premiere des iPhone war sich die Konzernführung sicher, dass ihre vermeintlich hochwertigeren Geräte die Nutzer auf Dauer überzeugen werden. Ein fataler Trugschluss. Apple zog mit seinem iPhone in Verbindung mit dem Apple Store und der Musikwelt uneinholbar an den Finnen vorbei.

Abb. 2   Auch der Handy-Markt entwickelt sich

Lange blieben die Marktanteile der klassischen Tastaturhandys hoch, doch die Erlöse brachen ein. Zuletzt erzielte ein Nokia-Handy einen durchschnittlichen Preis von 42 Euro, während Apple und Samsung auf ganz andere Margen kamen. Als Nokia doch auf die neue Technologie einging, war der Abstand zu Apple zu groß geworden, außerdem drängten koreanische Hersteller wie Samsung nach, die auch auf das iPhone-Konzept setzten. Nokia Vormachtstellung schmolz dahin und Finnlands

Stolz rutschte in die Bedeutungslosigkeit, das Handygeschäft ging schließlich an Microsoft.

Es gibt noch viele andere Beispiele für das Scheitern. Erinnert sei hier nur an Loewe mit seinen eleganten, durchdesignten Fernsehapparaten. Leider verschlief Loewe den Trend zu den Flachbildschirmen, schönes Design hin oder her. Hätte ein frischer Blick von außen, hätte das Hinterfragen eingefahrener Strukturen das Desaster verhindern können? Darauf gibt es keine sichere Antwort und bekanntlich ist man hinterher immer schlauer. Aber es fällt auf, dass die Firmen versuchten, die Probleme innerhalb des eigenen Kokons zu bewältigen, innerhalb der eingeführten und ja auch früher bewährten Geschäftsmodelle und Prozesse.

1.4 Neues wagen

Brownfield <> Greenfield

Richtiger wäre es wohl gewesen, fernab vom verharzten Geschehen in den eigenen Labors, Fertigungsstätten und Managementzirkeln etwas Neues zu wagen – auf der grünen Wiese. Das ist der Grundgedanke des Greenfield Approach. Der Grüne-Wiese-Ansatz ist eine Planungsart, bei der nochmals von Grund auf, ohne belastende Voraussetzungen und Rahmenbedingungen, geplant und agiert werden kann. Räumlich getrennt von der Mutterfirma, mit eigener Rechtsform, mit eigenen hellen Köpfen und Machern. Im Gegensatz hierzu spricht man bei der Weiterentwicklung im Rahmen der herkömmlichen Strukturen vom Brownfield Approach. Bei Brownfield ist der Boden schon bestellt, bei Greenfield ist er jungfräulich. Bei Brownfield ist das Thema bereits klar, etwa beim Einsatz

von SAP. Bei Greenfield sind die genauen Arbeits-
pakete und die geeignete Organisationsform erst
noch zu projektieren.

Der Greenfield Approach ist nicht der Königsweg
für jeden Fall, der Aufbau einer neuen Infrastruktur, neuer Prozesse und neuer Anwendungen kos-
tet auch Geld. Aber erfolgreiche Greenfield –Projekte spielen die Investitionen bald wieder herein.
Zum Beispiel bei einem Projekt von Hewlett-Pack-
ard im Jahr 2006. Damals ging es darum, die Daten-
verwaltung für interne Anwendungen zu moderni-
sieren. Bislang waren alle Anwendungen auf lokalen Servern in vielen kleine Computerräumen und
Datencentern rund um die Welt verstreut, es
herrschte eine Vielfalt, bei der man die Übersicht
verloren hatte.

1.5 „Weinen und Jammern"

Die Projektverantwortlichen wählten den Greenfield-Ansatz und zwar kompromisslos. Sämtliche
lokalen Server und Computer für Applikationen

*Abb. 3   Das was wir gelernt haben, segnet das Zeitli-
che*

wurden geschlossen – „es gab viel Weinen und Jammern", erinnert sich einer der Beteiligten. Stattdessen wurden auf der grünen Wiese komplett neue Daten-Center in Austin, Houston und Atlanta gebaut, die zudem mit neuen Servern von HP ausgestattet wurden. Gleichzeitig fand eine Bereinigung und Systematisierung der Datenbestände statt.

HP investierte rund 600 Millionen US-Dollar in das Projekt. Die Kosten kamen aber sehr bald wieder herein, denn das Unternehmen profitierte rasch von den effizienteren Abläufen, von den sinkenden Unterhaltungsaufwendungen, vom besseren Service für die Kunden.

Abb. 4   Neu denken!

1.6   Ein Professor macht es vor

Ein weiteres Beispiel für erfolgreichen Greenfield Approach finden wir in Deutschland. Vor einigen Jahren wollte die Post E-Transporter für ihre Tochter DHL bestellen. Doch die deutsche Automobilindustrie hatte nichts im Angebot; dort entwickelte man erst allmählich und recht lustlos E-Autos für Privatleute.

DHL bestellte daraufhin kleine E-Transporter bei Street Scooter, einer jungen Firma aus Aachen. Keimzelle dieses Herstellers war der Campus der

Abb. 5   Gedanklich einlassen

Hochschule RWTH, wo sich ein Professor für Produktionstechnik einfach mal an die Konzeption eines batterie-getriebenen Autos zu tragbaren Preisen gewagt hatte. Die Kooperation von DHL und Street Scooter verlief erfolgreich, 2014 übernahm der Postkonzern das Greenfield-Projekt. Inzwischen hat die Post mehr als 3000 Street Scooter der Modelle Work und Work L im Einsatz, mit denen DHL in immer mehr Städten emissionsfrei zustellen kann. Und weitere, größere Modelle sind in Arbeit. Das Projekt zeigt im Übrigen, wie sich die Verhältnisse in einer Traditionsbranche wie dem Automobilbau rasant ändern können. Beim Street Scooter ist mit Ford auch ein Weltkonzern mit im Boot – aber nur noch als Zulieferer eines Gestells.

1.7 „Digitaler Darwinismus"

Nicht nur der Automobilbau, sondern auch viele andere Branchen stehen angesichts der Digitalisierung vor einer grundsätzlichen Herausforderung – wenn sie diese nicht erkennen und bewältigen, können sie ganz schnell im Aus landen. Aus dem Nichts tauchen neue Mitbewerber auf und drängen die Champions von heute in den Abgrund. Vielfach wird hier vom „Digitalen Darwinismus" gesprochen – die digitale Veränderung bricht in einer derart hohen Geschwindigkeit über die Wirtschaft herein, dass es für die meisten etablierten Unternehmen unmöglich erscheint, ihre Geschäftsprozesse in der gleichen Geschwindigkeit anzupassen. „Nur Unternehmen, die sich schnell genug an die veränderten technologischen und gesellschaftlichen Rahmenbedingungen anpassen, werden den digitalen Darwinismus überleben", so bringt der Kolumnist Roland Tichy, ehemaliger Chefredakteur der WirtschaftsWoche, die neuen Verhältnisse auf den Punkt.

Abb. 6   Digitalisierung überleben

1.8 Im analogen Zeitalter

Die meisten heute noch erfolgreichen Unternehmen sind im analogen Zeitalter entstanden. Sie haben in jener Zeit ihre internen Prozesse und Geschäftsmodelle entwickelt, die gutes Geld bringen – noch. Für die Firmen geht es nun darum, sich für den digitalen Wettbewerb der Zukunft (die ja schon begonnen hat) zu rüsten, wofür sie ausgerechnet ihr bewährtes Arsenal kritisch prüfen und oft genug komplett verändern müssen. Diese digitale Transformation wird schwierig, denn es gibt ja kaum Vorbilder, an denen man sich orientieren kann. Nicht ohne Grund sehen sich in Deutschland, so eine Umfrage, 61% aller Unternehmen als Getriebene der digitalen Transformation, nicht als agile Akteure. Die Frankfurter Allgemeine Zeitung konstatierte im Herbst 2018: „Primär fragen sich Unternehmen, wie sie den Status quo erhalten können." Oder wie es in einem White Paper „Digital transformation of industries" für das World Economic Forum 2016 heißt: „Wenn Sie Ihrem Unternehmen wirklich ernsthaft schaden wollen, dann versuchen Sie, das Legacy-Modell zu schützen".

Der frühere Opel-Chef Karl-Thomas Neumann erklärte im Herbst 2018, die deutsche Autoindustrie sei schlecht aufgestellt, um den Wandel zur Elektromobilität zu schaffen. Die Spitzen der deutschen Branche könnten nicht offen sagen, dass die Zukunft elektrisch sei, sagte der zum kalifornischen Elektro-Start-Up Evelozcity gewechselte Manager. Die Auto-Vorstandschefs trügen Verantwortung für hunderttausende Arbeitsplätze und für Milliarden-Investitionen in bestehende Fabriken: „Es ist eben sehr, sehr schwer, den ganzen Tag sehr effizient zu sein und sein altes Geschäft mit vollem Ehrgeiz weiter zu betreiben und sich abends um fünf Uhr zum Start-Up-Unternehmer zu machen." Hier empfahl Neumann den Konzernen die Gründung neuer Unternehmen und Marken in strikter Abtrennung zum „alten" Geschäft. „Die Ressourcen müssen in einem Start-Up-Kontext eingesetzt werden."

Und im „Spiegel" vergab Ende 2018 der Digitalberater Christoph Bornschein zum Stand der Digitalisierung der deutschen Wirtschaft die Note „Drei minus". Bornschein: „Mit diesem Schnitt macht man sein Abi, aber man spielt nicht mehr in den Top Sieben der wichtigsten Industrienationen mit."

Was mir an den bisherigen digitalen Initiativen auffällt: Sie sind allesamt additive Geschäftsmo-

Abb. 7   Additives Geschäftsmodell

delle, die das bestehende, originäre Geschäftsmodell flankieren oder ergänzen. Mit der Digitalen Transformation wirken die digitalen Veränderungsprozesse nun erstmals auch auf das originäre Geschäftsmodell. Angemerkt sei auch, dass Deutschland auf der digitalen Landkarte nur ein verhältnismäßig kleines Licht repräsentiert. Fakt ist, dass die modernen digitalen Dienste und Applikationen, die wir nutzen, größtenteils aus Übersee stammen. Auch solche, die hierzulande erfunden wurden wie die Rechner, die Unternehmenssoftware und vieles mehr.

Die große Welt ist anders.

Abb. 8   Die große Welt und unsere Versuche

1.9   Von „FinTecs" und „EnerTecs"

Im Bereich der Banken und anderer Finanzdienstleister zeichnet sich schon jetzt ein dramatischer Wandel ab. Junge Menschen kennen kaum noch die klassische Bankfiliale vor Ort, wo ihnen der Kundenberater Produkte vorstellt, die sie viel besser und transparenter im Internet finden. Nicht nur Online-Banken sind im Vormarsch, sondern auch viele andere, technologiegetriebene Anbieter drängen unter dem Kürzel „FinTec" auf den Markt. Schon fragt man sich in der Branche, wie lange es noch ortsgebundene Bankfilialen geben wird. Bislang sind die traditionellen Banken nur schlecht auf den Wandel vorbereitet. Bei der Deutschen Bank war es der damalige Vorstandsvorsitzende John Cryan, der die IT-Systeme des eigenen Hauses als „lausig" bezeichnete. Dabei könnten die Banken viel mehr leisten und auf der Höhe der Zeit sein, wären sie nicht durch überholte Legacy-Systeme, veraltete IT und fest eingefahrene Strukturen in ihrer Entwicklung eingeschränkt. Bislang versuchte man in der Finanz-IT, neue Entwicklungen in bestehende Systeme zu integrieren, also nach dem Brownfield-Ansatz vorzugehen. Die neuen Systeme zur Lösung von IT-Problemen werden unter Berücksichtigung etablierter Systeme implementiert, was aber nicht immer einwandfrei funktioniert. Banken benötigen deshalb einen frischen Start, ohne belastende Voraussetzungen, Vorgaben oder Einschränkungen.

Hartnäckige Konkurrenz bedrängt mittlerweile auch die etablierten Unternehmen der Versicherungsbranche, die sich der „InsureTecs" erwehren müssen. Und im Energiesektor sind es die „EnerTecs", die die Vorstände das Fürchten lehren.

1.10 Greenfield Approach als Option

In allen diesen Fällen ist das Konzept des Greenfield Approach zumindest eine Option, die man prüfen sollte. Greenfield Approach ist keine künstliche Arbeitsbeschaffungsmaßnahme für Unternehmensberater oder Motivationsredner, es ist keine „Spinnerstube".

Abb. 9   Von Grund auf neu

Es ist vielmehr ein vielversprechender Ansatz, wie wir noch darlegen werden. Bei diesem Ansatz wird - bildlich gesprochen wie auf einer freien, grünen Wiese - ein Vorhaben von Grund auf neu, unabhängig und ohne Schnittstelle zum bestehenden Unternehmen entwickelt. So können nicht nur aktuelle Trends und Kundenbedürfnisse, sondern auch Technologien wie Chatbots, künstliche Intelligenz und Big Data sowie neue Regulierungen direkt bei der Entwicklung berücksichtigt werden.

Wer sich auf Greenfield Approach gedanklich einlässt, hat zumindest die Chance, dass es ihm nicht so ergeht wie Kodak, Nokia und den vielen anderen.

2. Kapitel: Wir brauchen den Mut zum Cut

Neue Ideen und Erfindungen sind etwas Gutes. Aber sie werden erst dann zu einer Innovation, wenn sie sich am Markt durchgesetzt haben. Nur der Durchbruch zählt. Der Weg dahin ist oft steinig, denn auf das Neue reagiert der Mensch erst einmal abwehrend.

Warum es Innovationen so schwer haben

Theodor Fontane hat einmal gesagt: „Alles Alte, soweit es den Anspruch darauf verdient hat, sollen wir lieben; aber für das Neue sollen wir eigentlich leben".

Das Neue ist erst mal das Fremde. Die natürliche Erstreaktion des Menschen auf Veränderung ist Abwehr. Menschen – auch Manager machen da keine Ausnahme – lehnen sich erst einmal zurück und verschränken abwehrend die Arme, wenn Ihnen eine neue Idee, eine Innovation präsentiert wird. Das ist psychologisch plausibel, das ist genetisch in unserem Gehirn verankert. Wir schätzen das, was wir kennen, was sich bewährt hat, was uns auf vermeintlich sicherem Grund agieren lässt.

Die Angst vor dem Neuen in den Unternehmen hat oft auch ganz reale Gründe. Mitarbeiter fürchten um ihren Arbeitsplatz, ganze Abteilungen um ihre Existenz, Manager um ihre Boni, die dank des noch erfolgreich laufenden Geschäfts so schön fließen. Und so erheben Besitzstandswahrer und Bedenkenträger ihre Stimme, es kommt zu den allfällig bekannten Statements wie „Das haben wir noch nie so gemacht!" oder „Da könnte ja jeder kommen!" oder „Für so was habe ich keine Zeit!" oder „Was wird aus unseren bewährten Produkten?" oder „Damit verbrennen wir doch nur Geld!". Vielfach wird dies mit Prognosen verbunden, dass aus den komischen neuen Ideen ja nie etwas werden wird. Erinnern wir uns an Thomas Watson, seinerzeit Chef von IBM. Er weissagte einmal: „Ich denke, dass es einen Weltmarkt für vielleicht fünf Computer gibt." Tja, heute laufen mindestens fünf computerbasierte Geräte in jedem Privathaushalt.

2.1 Viele Fehlprognosen

Neu sind diese Fehlprognosen keineswegs. Kaiser Wilhelm II. befand vor dem 1. Weltkrieg: „Ich glaube an das Pferd, das Auto ist eine vorübergehende Erscheinung." Er sagte das in einer Zeit, als der österreichische Ökonom Joseph Schumpeter (1883 - 1950) sein Wirken entfaltete, ein genialer Mann. Er entwickelte die Theorie der „Schöpferischen Zerstörung". Dabei werden alte Strukturen durch eine Neukombination von Produktionsfaktoren, die sich erfolgreich durchsetzen, verdrängt und schließlich zerstört. „Schumpeter-Schocks" führen zu positiven disruptiven Veränderungen.

Jeder der Akteure mit ein bisschen Weitblick in der Wirtschaft ahnt oder weiß, dass Innovationen nötig sind und dass gerade heute die Digitalisierung vieles komplett verändern wird. Aber er scheut Innovationen aus vielerlei Gründen: sie bringen Unruhe in die Organisation, sie kosten Geld und ein sicherer Gewinn ist keineswegs garantiert.

2.2 Im Käfig gefangen

Dies erweist sich gerade bei der Digitalisierung. Viele Mitarbeiter von Unternehmen sind wie in einem Käfig im kollektiven, abwehrenden Empfinden gefangen, Lösungen von außen lehnen sie ab. Es sei denn, der Rückkoppelungseffekt des kollektiven Empfindens wird schwächer und die Innovation zeitigt erster Erfolge. Das führt dann auch zu persönlichen Erfolgserlebnissen bei Mitarbeitern. Vorher aber weigert sich das Immunsystem eines Unternehmens, was für viele Veränderungsprojekte gilt. Wie das abläuft, zeigt das Kübler-Ross Modell.

Die schweizerisch-US-Psychiaterin Elisabeth Kübler-Ross entwickelte ein Phasenmodell für Menschen im Sterbeprozess.

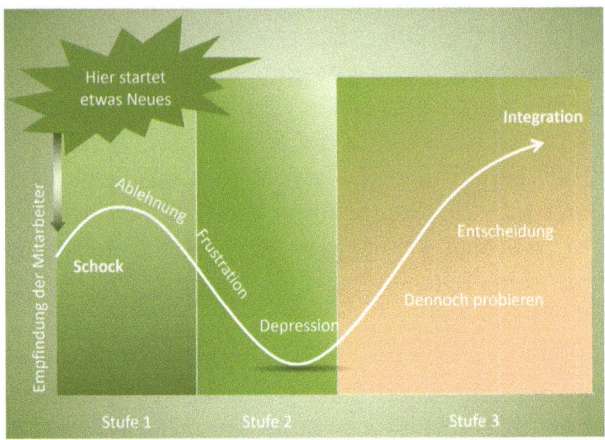

Abb. 10 Kübler-Ross Modell

Das Immunsystem
der Unternehmen

Die Phasen reichen von „Nicht wahrhaben wollen" über „Zorn" und „Verhandeln" bis „Depression" bis hin zur letztlichen „Zustimmung". Erst
später erkannte man, dass sich dieses Modell auch
hervorragend auf die Prozesse in Unternehmen
hinsichtlich der Veränderung übertragen lässt. So-
wohl die Kurvenamplitude als auch die Dauer hän-
gen vom Immunsystem des Unternehmens und der
Haltung der Mitarbeiter ab. Die Empfindungen sind
stark, Argumente wie Firmenwohl und andere können diese Emotionen nicht neutralisieren. Was die
Ratio sagt, wird verdrängt. Und die kollektiven
Empfindungen verstärken sich weiter.

2.3 Nur der Durchbruch zählt

Was ist überhaupt eine Innovation? Es ist eine Idee oder Erfindung, die sich erfolgreich am Markt etabliert, nur das zählt. Oft genug bleiben weniger die Erfinder im Gedächtnis, sondern diejenigen, die die Idee und das Produkt am Markt durchsetzen. Der Deutsche Philip Reis hatte die grundlegenden Ideen für das Telefon, marktgängig machten es andere. Das Auto wurde zwar durch Benz und Daimler in Deutschland erfunden, doch es blieb lange ein Luxusgut. Als Gebrauchsgut für die Massen startete es seinen Siegeszug erst dank Henry Ford und dessen Konzept der Fließbandfertigung. Guenter Dueck, der frühere Cheftechnologe von IBM, schrieb dazu: „Der Durchbruch ist das Entschei-

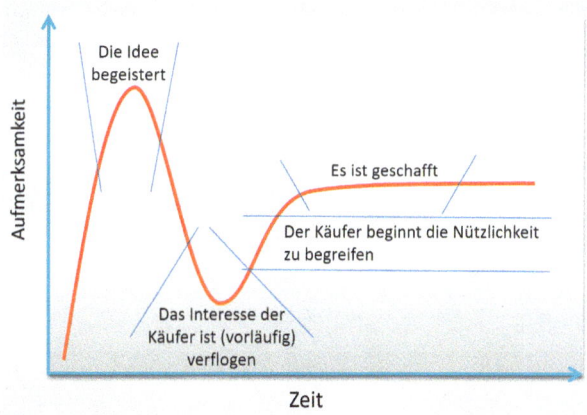

Abb. 11 Gartner Hype Curve

dende, nicht die Idee an sich."

Das ist oft ein steiniger Weg. Die gute Idee stirbt oft schon unternehmensintern einen frühen Tod. Dueck konstatiert dazu lakonisch: „Warum werden denn die allerwichtigsten Ideen übersehen? Na, weil die oft großartig sind, aber das Unternehmen zu stark verändern würden – da lassen sie alle lieber die Finger davon." Und hat man sich dann doch mal aufgerafft, kämpft das neue Produkt zunächst mit einem psychologisch bedingten Phänomen – die Leute kaufen massenhaft erst dann ein Produkt, wenn es schon viele andere getan haben, nur der Erfolg erzeugt den Erfolg. Vorher muss der Anbieter durch ein „Tal der Tränen".

Innovation ist der Aufbruch in ein unbekanntes Terrain. Wenn eine Firma es wagt, geht sie auf eine Expedition in die Wildnis. Oft genug setzen die Unternehmen dabei auf ihre herkömmlichen Managementmethoden, die ja in der Vergangenheit so erfolgreich gewesen waren. Managementmethoden sind in vielerlei Hinsicht wertvoll und nützlich, aber wenn es um gänzlich Neues geht, versagen sie. Wer auf eine Expedition geht, sollte neues und vor allem leichtes Gepäck mitnehmen.

Abb. 12 Greenfield hat leichtes Gepäck

Wer Neues erfolgreich durchsetzen will, muss sich auch neu aufstellen.

Der Bremer Professor Peter Kruse sagt dazu: „Change Management ist der Übergang von einem stabilen Ordnungssystem in ein anderes stabiles Ordnungssystem. Um das zu erreichen, muss man die bestehende Stabilität stören." Wenn allerdings das Ursprungssystem nicht geordnet, sondern chaotisch ist, wird es schwer, den Hebel zur geeigneten temporären Störung des Systems zu finden. In realen System darf die Störung nur bis zu einer gewissen Schmerzgrenze erfolgen, sonst bricht das Ursprungssystem komplett zusammen. Die angestrebte Störung muss in beiden Richtungen maßvoll möglich sein. Das muss konsequent begonnen werden, die bloße Absicht reicht nicht. Ironisch zeigt Kruse auf, wie man es nicht machen sollte – indem man nämlich „für maximale Beschlussdynamik bei minimaler Umsetzungsdynamik" sorgt.

2.4 Das IT-Wissen explodiert

Bei einer neuen Aufstellung sollte man nie vergessen, dass derzeit das Wissen im Bereich IT geradezu explosionsartig wächst. Erinnert sei an dieser Stelle an die „Weizenkornlegende" (die auch als „Reiskornlegende" variiert wird). Die Legende handelt vom Brahmanen Sissa, der im dritten oder vierten Jahrhundert n.Chr. in Indien gewirkt haben soll und als Erfinder des Schachspiels, zumindest seiner indischen Urform, gilt.

Der Legende nach tyrannisierte der indische Herrscher Shihram seine Untertanen. Um die Aufmerksamkeit des Königs auf seine Fehler zu lenken, ohne seinen Zorn zu entfachen, schuf Sissa ein Spiel, in dem der König als wichtigste Figur ohne Hilfe anderer Figuren und Bauern nichts ausrichten kann. Dieses Schachspiel beeindruckte den Herrscher und er gewährte dem Brahmanen einen

IT als Synonym für Unterstützung durch Software: So läuft Hardware besser. Überall, auch Autos.

freien Wunsch. Dieser wünschte sich Weizenkörner: Auf das erste Feld eines Schachbretts wollte er ein Korn, auf das zweite Feld das Doppelte, also zwei, auf das dritte wiederum die doppelte Menge, also vier und so weiter. Der König lachte über die vermeintliche Bescheidenheit des Brahmanen.

Exponentialfunktion, für Menschen schwer begreiflich

Als sich Shihram einige Tage später erkundigte, ob Sissa seine Belohnung in Empfang genommen habe, meldete der Vorsteher der Kornkammer, dass er diese Menge Getreidekörner im ganzen Reich nicht aufbringen könne. Auf allen Feldern eines Schachbretts zusammen wären es 264-1 oder 18.446.744.073.709.551.615 ($\approx$ 18,45 Trillionen) Weizenkörner.

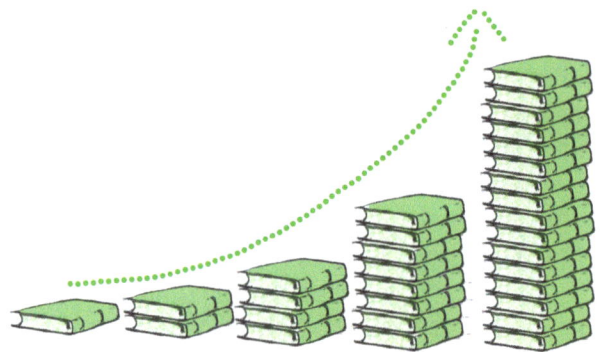

Abb. 13 Anwachsen des Wissens wie Schachbrett und Reiskorn

Wer es genauer nachrechnen will: Es wären heute rund 720 Jahre mit der kompletten Reisernte der ganzen Welt nötig, um alle Schuld zu begleichen.

Um im Rahmen dieser Erzählung zu bleiben – die Vermehrung des Wissens in der Informationstechnologie hat derzeit schon etwa die Hälfte des Schachbretts erreicht. Das IT-Wissen wächst exponentiell, mit allen Auswirkungen auf die Wirtschaft. Angesichts dieser wachsenden Komplexität wird es immer schwieriger, im Rahmen der herkömmlichen Strukturen Innovationen zu managen. Es gilt, die Komplexität zu reduzieren, sie zu teilen, gemäß dem Motto „divide et impera".

Wie? Der Ansatz des Greenfield Approach mit seinen überschaubaren Strukturen und kleinen Teams bietet diese Möglichkeit. Dabei lassen wir

Wir bewältigen die Aufgabe wegen des wachsenden Wissens heute schon kaum

Abb. 14 Kleine Teams

uns von dem Gedanken leiten, dass digitale Transformation weit mehr ist als reine Technologie – sie ist der Treiber zur Steigerung von Wertschöpfung und Performance im Unternehmen (Marcel Berneaud, 2013).

2.5 Digitale Transformation

Digitale Transformation, da kennt sich jeder aus. Wirklich?

Digitale Transformation heißt, das bestehende Geschäftsmodell bewusst zu gefährden oder gar in Frage zu stellen – selbst wenn es derzeit noch durchaus erfolgreich ist – und es bisweilen radikal umzugestalten.

Das Greenfield bedeutet einen Ausweg aus der Situation, weil damit weniger risikoreiche Schritte unternommen werden als bei herkömmlichen Modellen. Sollte aber die Marktresonanz ausbleiben, muss sowieso neu gedacht werden; dann schließt man eben das Greenfield wieder.

Abb. 15 Mut zum Cut

Was es braucht, ist der Mut, komplett neu zu denken, es braucht den MUT ZUM CUT.

3. Kapitel: Wie Greenfield Approach in der Praxis funktioniert

Der Greenfield-Ansatz eignet sich für viele Unternehmen, die sich im Wandel behaupten wollen. Wir von it-dialog haben dafür ein eigenes Beratungsmodell in vier Phasen entwickelt. Vorteil für den Kunden: die Beratung ist absolut transparent und fair, die Risiken bleiben unter Kontrolle.

3.1 Ein Modell mit vier Phasen

Sie als CEO oder Inhaber kennen Ihr Unternehmen, Sie haben das Ziel, für den Wandel gerüstet zu sein. Wahrscheinlich haben Sie schon Maßnahmen geplant, den Erfolg zu sichern. Aber mir scheint es lohnenswert, auch in Alternativen zu denken – Stichwort Greenfield Approach.

Für wen eignet sich nun der Greenfield-Ansatz? Für Unternehmen, deren Geschäftsmodell schwächelt ebenso wie für solche, wo Umsatz und Ertrag noch stabil sind, wo einem aber die Extrapolation erkannter Trends oder die reine Intuition sagen, dass das morgen vorbei sein kann. Greenfield Approach bietet sich obendrein auch für Firmen an, die wachsen wollen, die neue Geschäftsfelder locken. Ganz besonders eignet sich Greenfield Approach für Kunden, bei denen neue Ideen oder gar Prototypen neuer Produkte parken, die intern als durchaus reizvoll gelten - doch keiner packt es wirklich an.

Abb. 16 Keiner packt es wirklich an

Wie kann man in diesen Unternehmen Verkrustungen, die Immunabwehr des Systems gegen Veränderungen usw. schöpferisch und intelligent auflösen? Wo ist die Abgrenzung? In einer Abteilung oder weiter gehend? Günter Dueck fordert hier: „Wer den Weg vom Prototypen zur Innovation einschlagen will, muss im Prinzip ein Unternehmen dafür gründen, das entwickelt, produziert, vermarktet, Service bietet und verkauft."

Dafür braucht man Spezialisten, erfahrene Architekten und Umsetzer, erfahrene Organisatoren und Firmengründer. Wir von it-dialog wissen, wo es diese Fachleute gibt, wir wissen, wie es funktioniert. Wir formulieren ein Angebot und positionieren uns neben dem „Quasistandard", wir bieten die Alternative zu Change- oder Transition- Projekten.

Im Blickfeld haben wir Firmen ab einer Größe von ca. 500 Mitarbeitern aufwärts. Wir bieten ein breites, unbefangenes Denken an, wir verlassen uns nicht nur auf die Informationen, die das jeweilige Unternehmen gibt. Lässt ein Kunde das breite, schöpferische Denken zu, greift unser Angebot.

Für unsere Kunden haben wir dafür ein vierphasiges Modell entwickelt, das transparent und fair ist. Der Kunde kauft nicht „die Katze im Sack", er kann uns für jede Phase separat beauftragen, er behält die Kontrolle über die Kosten und Risiken.

3.2 Die erste Phase

Analyse Kultur und Technik

In der ersten Phase schaut sich unser Team an, wo das Unternehmen im Markt steht, wie es mit der unterstützenden Technik aussieht und mit der Qualität der laufenden Prozesse. Wir prüfen den Unterschied zwischen der gewünschten und der real existierenden Firmenkultur inklusive ihrer Werte, wir erfassen auch, wie es um den Spirit der Mitarbeiter steht. Wir überprüfen die bis zu diesem Zeitpunkt entwickelte Strategie und wir fragen nach den Elementen, die verworfen wurden, weil sie angeblich nicht umsetzbar waren. Dabei gehen wir davon aus, dass ein anderer Ansatz wahrscheinlich das Potential der (Ressourcen-) Strategie erweitert. Auf Basis des IST-Stands entwickeln wir in Abstimmung mit dem Kunden Vorschläge, durch welche Ergänzungen die Ertragssituation noch zu steigern wäre. In dieser Phase können wir dem Kunden auch Anregungen geben, sein Potential zu verbreitern, seine Möglichkeiten auf herkömmlichem Wege noch mehr auszuschöpfen.

Moderne Produktion von Spanten

Dazu zwei fiktive Beispiele: Angenommen, Sie produzieren Spanten für Flugzeuge. Bisher nutzten Sie Metallblöcke, um daraus durch Sägen, Fräsen, Bohren oder Drehen die benötigten Teile herzustellen. Die Spanten können heute auch durch metallischen 3D-Druck erzeugt werden, wobei Sensoren und Aktoren integriert sind.

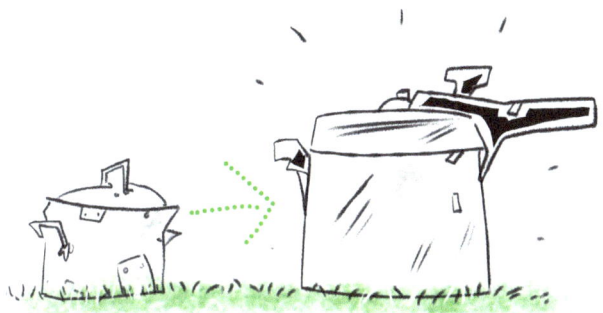

Abb. 17 Der moderne Kochtopf

Zweites Beispiel: Erinnern wir uns an den Thermomix TM5. Durch geschicktes Kombinieren von Motoren, Heizsystemen, Sensoren etc. mit einer Internetverbindung wird dem Anwender ein leichter Zugang zu erprobten Rezepten und Best Practices von Kochexperten aus aller Welt erschlossen.

Beide Beispiele eint, dass sie mit der Digitalisierung zu tun haben und dass Standardhersteller von Spanten oder Rührwerken weder die erforderliche Firmenkultur noch die Ressourcen für diese integrative Aufgabe haben.

Kochtopf und Kochtopf mit Wissensbasis

3.3 Die zweite Phase

Kommt es zu einer zweiten Phase, erstellen wir eine Blaupause des Soll-Zustands mit Greenfield, die dann in der Beantwortung der Frage mündet, ob ein Transformations- bzw. Change Projekt passend wäre oder alternativ die Gründung eines neuen Unternehmens. Die Entscheidungsvorlage beschäftigt sich mit den Kosten für mutmaßliche Change- oder Transformationsprojekte und stellt ihnen das Vorgehensmodell und die Kosten für einen Greenfield Approach gegenüber.

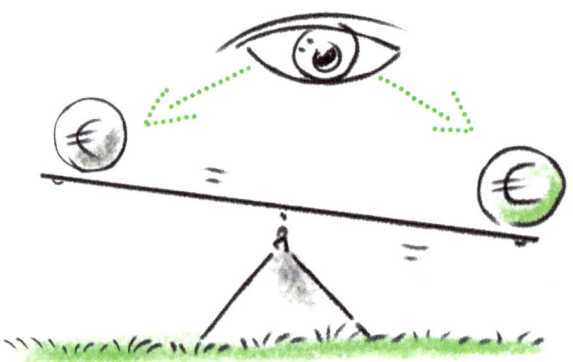

Abb. 18 Kostenvergleich Transitionsprojekt <> Greenfield

Nur wenn wir davon überzeugt sind, schlagen wir den Ansatz Greenfield Approach vor. Dies vor dem Hintergrund, dass die aktuellen Erfolgsquoten von Changes und Transformationen bei durchschnittlich 10-20 % liegen. Unternehmensberatungen, die darauf spezialisiert sind, gibt es genügend. Erlaubt sei hier die Bemerkung, dass Projekte zu Organisationsveränderungen oft sehr unüberschaubar werden, da sie die Komplexität für Unternehmen oder auch einzelnen Abteilungen in unbekannter Mächtigkeit steigern – so wie die Weizenkörner auf dem Schachbrett. Und Organisationsveränderungen werden noch herausfordernder, wenn keine stabile Ausgangslage vorliegt.

3.4 Die dritte Phase

Erhalten wir Grünes Licht für Greenfield Approach, treten wir in die dritte Phase ein: die strukturierte Gründung eines neuen Unternehmens. Im Benehmen mit dem Kunden haben wir den gemeinsamen Claim für das neue Produkt oder die neue Dienstleistung am Markt definiert und abgesteckt. Wir stellen alle angemessenen und benötigten organisatorischen Elemente zusammen, wir finden die passende Rechtsform. Wir errichten eine Art Chinese Wall.

Abb. 19 Die "chinesische" Mauer zwischen Beauftragendem Unternehmen und Greenfield

Das Unternehmen wird räumlich woanders angesiedelt, kein bisheriger Mitarbeiter des

Stammunternehmens darf dort mitwirken. Die Rechtsform der AG ist bevorzugt.

Eigene Prozesswelt. Nicht nur Prozesse, sondern auch die Entwicklung von Routine

Ebenso wenig sind Angliederungen an bestehende Prozesse wie z.B. SAP möglich. Warum? Wir müssen und durch das Bestehende unbeeinflusst an die Sache herangehen. Man denke nur daran, ein Automobilunternehmen würde die Entwicklung und Herstellung von Elektrofahrzeugen mitten in die bisherige Produktion und die angestammten Mitarbeiter implantieren – die unterschiedlichen Vorstellungen der Bestandswahrer von der Abteilung Verbrennungsmotoren und der Stromer würden das Projekt von vornherein erschweren. Auch von daher wird das Greenfield keine Funktionen des beauftragenden Unternehmens nutzen.

Holokratischer Ansatz

Bei der Organisation des Greenfields achten wir auf moderne, z.B. laterale Führung, und nutzen die Vorteile des holokratischen Ansatzes. Wir verbinden langjährige Erfahrung mit frischen Methoden, Alt und Jung unterstützen sich gegenseitig. Das Ziel führt, nicht die Hierarchie. So wird das Ganze mehr als die Summe seiner Teile, wie schon Aristoteles wusste. Im Greenfield wird nicht top-down geführt, sondern wir wecken Begeisterung und Kreativität. Oder wie es der frühere EU-Kommissar Edgar Pisani einmal ausdrückte: „Chef ist nicht der, der etwas tut, sondern der, der das Verlangen weckt, etwas zu tun." Was moderne Organisationsmodelle angeht, sind wir stets auf dem neuesten Stand, wir stehen in engem Kontakt zu entsprechenden Instituten, die zu diesem Thema forschen.

Abb. 20 Das gemeinsame Ziel

Als weitere Spielregel gilt das Prinzip der lernenden Organisation, abgeleitet von den Lernvorgängen des menschlichen Gehirns. Diese sind:

- Vernetzung (alle, innerhalb, außerhalb)
- Begeisterung (des Individuums)
- Bewertung (durch Andere)

In der oben erwähnten Blaupause wird festgelegt, wer die Leitung des Greenfields übernimmt. Bildet man eine GmbH, wird es Gesellschafter geben, gegebenenfalls unter Einschluss der it-dialog. Bildet man eine AG, ergeben sich andere Vorteile. Der Zeitrahmen ist flexibel, der Kontakt mit dem Auftraggeber wird fallbezogen geregelt, hier gibt es unterschiedliche Rollen. Aufgaben wie Vertrieb und Marketing werden eher vom beauftragenden Unternehmen wahrgenommen. Für das neue Unternehmen berufen wir zum einen externe Interim Manager, die im jeweiligen Thema zuhause sind und die einen ausgesprochen unternehmerischen

Elan haben. Zum anderen stellen wir festange-
stellte Experten (Profile in der Blaupause) sowie
Praktikanten und Studienabgänger bekannter Insti-
tute ein. Das zusammen ergibt eine Erfolg verspre-
chende Mischung.

3.5 Die Mischung macht es

Auf die richtige Mischung kommt es nämlich an.
Oft machen Unternehmen bei solchen Projekten
den Fehler, vorrangig Berufsanfänger einzusetzen.
Das rächt sich, denn mit einem komplexen Verfahren wie der Produktentwicklung sind Anfänger allein überfordert. Mit einer vernünftigen Supervi-
sion können sie jedoch wertvolle Beiträge leisten.
Wir von it-dialog bringen die erfahrenen Unterneh-
mer/Experten und die jungen Mitarbeiter zusammen. Wir qualifizieren sie und übernehmen die Su-
pervision.

Schon in der zweiten Phase sollte festgelegt werden, inwieweit später das beauftragende Unternehmen auf das Greenfield-Projekt während des
laufenden Betriebs einwirkt, wie man kommuni-
ziert. Als Leitgedanken dient dabei: weniger ist
mehr.

Intuition plus Ratio   Im gesamten Projekt setzen wir auf eine Kombi-
nation von Intuition gleich Erfahrungswissen und
rationaler Entscheidungsfindung. Intuition allein ist
unprofessionell, das alleinige Beharren auf der Ratio unkreativ. Ein erfahrener Manager hat in seinem Berufsleben Schnellerkennungsmuster für
Probleme und Fragestellungen entwickelt, so kann
er schnell entscheiden, das Projekt wird beschleu-
nigt.

Erst im Nachgang erfolgt oft das Nachdenken mit logischer Verklausulierung. Das ist ein hervorragendes Asset des Erfolges. Aber Achtung: eine wesentliche Voraussetzung dafür ist, dass der Manager seine Erfahrungsmuster laufend aktualisiert. Ansonsten kann es geschehen, „dass eine Bauchentscheidung das entgegengesetzte Ergebnis liefert", wie Prof. Kruse warnt.

Bauchentscheidung braucht Nahrung

Unterstützende Funktionen für die Greenfield Operation, die man der klassischen IT zuordnet, werden je nach Möglichkeit aus der Cloud als Managed Service nach Anlegen strenger Maßstäbe gemietet und eingesetzt. Darin kennen wir uns sehr gut aus. Selbstverständlich werden dabei alle Verordnungen und gesetzlichen Auflagen berücksichtigt. Neben der Sicherheitsverantwortung für die Informationssysteme (Vertraulichkeit, Integrität, Verfügbarkeit) und Einbezugnahme der DSGVO werden die klassischen Bereiche Qualität, Vertragswesen, Controlling und Marketing in geeigneter Form abgedeckt.

Sichere, gemietete Unterstützung

3.6 Die vierte Phase

In der vierten Phase beginnt das Unternehmen richtig zu arbeiten. Im Erfolgsfall – je nach Zeitrahmen zwischen zwei oder drei Jahren - haben wir nach einer gewissen Zeit mit dem neuen Produkt das „Tal der Tränen" erfolgreich durchschritten, wir sehen die Früchte unserer Anstrengungen reifen. Der Übergabepunkt wird dabei aus der Blaupause und gemäß der erreichten „Maturität" des Greenfields festgelegt. Dies ist auch der Zeitpunkt, in dem die externen Interim Manager aus dem Unternehmen herausdiffundieren. Die entsprechenden

Handbücher sind erstellt, das Personal eingewiesen.

Varianten nach er-
folgreichem Tun

Sobald das Greenfield lauffähig ist, schwindet die Verantwortung der it-dialog für das Projekt, das dann vom beauftragenden Unternehmen übernommen wird. Damit eröffnen sich mehrere Varianten:

- Feststellung der Größe des Unterschiedes (kulturell/prozedural) zwischen dem beauftragenden Unternehmen und dem Greenfield
- Nutzung des Greenfields in Operation als Blaupause für Änderungen im beauftragenden Unternehmen
- Entwicklung des Greenfields vertikal/horizontal, also Übertragung weiterer Funktionsblöcke aus dem beauftragenden Unternehmen in das Greenfield
- Schließung des Greenfields, entweder weil die Ertragssituation nicht überzeugt oder weil das beauftragende Unternehmen „aufgeholt" hat, die Mitarbeiter des Greenfields übernimmt und das neue Geschäft integriert.

3.7 Fassen wir die Vorteile unseres Modells zusammen

Kaum Risiko

Bei jedem der Phasenenden kann der Kunde entscheiden, ob er das Projekt fortführen will. So hat er die Kosten und Risiken stets im Griff. In den Phasen eins und zwei (bisweilen auch in der Phase 3) liegen die Aufwendungen für ein Greenfield-Projekt deutlich unter den Projektkosten für die Transformation.

Außerhalb der Phasen eins und zwei mit ihren zu Beginn festgelegten Kostenblöcken ist ein Greenfield-Projekt erheblich günstiger und schmerzfreier wieder zu beenden als dies in Transformationsvorhaben generell möglich ist. Transformationen sind Operationen am offenen Herzen. Der Abfall der Produktivität im Übergang von einer stabilen Unternehmensordnung zu einer neuen stabilen Unternehmensordnung ist an sich kalkulierbar. Allerdings ist der Rückfall in die Ausgangslage nicht immer ohne weiteres möglich.

Das Modell Greenfield erlaubt ein Höchstmaß an Beweglichkeit und Schnelligkeit. Da die Teams klein sind, muss auch kein Betriebsrat installiert werden.

Klein und schlank

Im Vergleich Transformation versus Greenfield sollten wir nie das Thema Entropie und Komplexität vergessen.

> Die Veränderung von komplexen Systemen durch eine Transformation bedeutet stets eine Erhöhung der Entropie, das Maß für Unordnung.

Beim Greenfield-Ansatz steigt die Entropie dagegen langsamer an, weil sie auch dortselbst in der kleinen Einheit wieder abfließen kann. Das genau ist der Charme des Gesamtvorschlags „Greenfield Approach by it-dialog".

3.8 Unser Job

Unser Job ist es, Greenfield zum Erfolg zu führen. Wir begleiten die Projekte von der ersten Kontaktaufnahme bis zur Ablieferung eines funktionstüchtigen Unternehmens.

4. Kapitel: Greenfield Approach ist Chefsache

Die Entscheidung für ein Greenfield-Projekt ist Chefsache. Nur so können interne Widerstände umgangen werden, nur so erhält das Projekt die passende Schubkraft. Hier ein Beispiel, wie so etwas laufen könnte.

4.1 Erster Akt

Dr. Anne Stark steht am Fenster ihres Konferenz-
saals und lässt die eben gehörten Argumente Re-
vue passieren. Sie wurde vor einem Jahr zum CEO
der Firma in Süddeutschland ernannt, weil Ihre
klare Vorstellung von der künftigen Geschäftsent-
wicklung des Unternehmens für den Aufsichtsrat
bestechend war. Die Firma ist gut aufgestellt, aber
es mehren sich die Anzeichen, dass die bislang bewährten Prozesse und Produkte den Erfolg nicht
auf ewig garantieren können. Besonders nicht vor
dem Hintergrund der umfassenden Digitalisierung.

Abb. 21 Die Konferenz. Man weiß nicht so recht.

Frau Dr. Stark weiß das, sie hatte schon in einigen
Unternehmen im „C-Level" gearbeitet, die Branche
ist ihr nicht fremd. Eigentlich startete sie mit sehr
guten Voraussetzungen. Eigentlich, denn was sie
bisher als zielstrebige Frau mit vorzüglichen Quali-
fikationen und einem selbstverordneten sehr hohen Arbeitspensum mitbrachte, sollte reichen für
den notwendigen Wandel.

Dr. Anne Stark verlässt das Fenster und setzt sich
seufzend an den Konferenztisch. Das alles geht so
fürchterlich langsam voran im Unternehmen, sie

stößt mit ihren Plänen für den Wandel immer wieder auf eine Gummiwand. Das hat sie eben in der Konferenz mit dem C-Level wieder einmal spüren müssen. Auf ihre beharrlichen Nachfragen hin, wie weit man mit der neuen Produktlinie sei, hatten alle versichert, sie würden bereits ihr Bestes geben, mehr wäre aus den Mitarbeitern nicht herauszuholen.

Dr. Anne Stark seufzt erneut. Ich komme mir vor, als müsste ich zähen Lehm in einem großen Topf anrühren, es ist zum Verzweifeln. Die neue Produktlinie ist wichtig, wenn nicht existenziell für die Firma, sie wäre strategisch genau jetzt passend, wenn.... ja, wenn das Wörtchen wenn nicht wäre.

4.2 Beratungsfirmen

Andere, bekannte Beratungsfirma xyz

In den Firmen, in denen sie vorher gearbeitet hatte, kannte man den einen oder anderen Berater von der bekannten Beratungsfirma xyz, die für solche Fälle immer Lösungen parat hatten. Erst neulich hatte sie einen Prospekt dieser Beratungsfirma studiert und gelesen, dass Wandel gut durch Transformationsprojekte bewerkstelligt werden könnte.

In ihrer vorherigen Firma, erinnert sie sich, wurden die Consultants des Beratungsunternehmens sogar öfter direkt angestellt. Das würde ihr aber zu weit gehen. Die Berater waren durchaus brauchbar, wenn auch ein bisschen zu jung für ihren Geschmack. Innovation, so ihr Credo, sollte auch von Erfahrung begleitet sein.

Abb. 22 Standplatz it-dialog

Dr. Anne Stark erinnert sich nun weiter. An eine Veranstaltung, auf der sie als Keynote-Speakerin aufgetreten war. Am Vorabend zuvor hatte sie eine „Kontaktparty" der Veranstaltung nebst Gala Diner besucht. Und einen interessanten Informationsstand der Firma it-dialog e.K. aus Ahrensburg bei Hamburg entdeckt, mit einem Lichttütchen als Blickfang, auf dem „Greenfield" stand. Eine nette Idee, die ihr weiter durch den Kopf ging.

Diesen Informationsstand hatte sie nach ihrer Rede aufgesucht und war mit einem Herrn Michael Schmid ins Gespräch gekommen, dem Inhaber der it-dialog. Es wurde ein spannendes Gespräch.

Schmid berichtete überzeugend, was mit der Digitalisierung auf viele Branchen zukommt. Er arbeitete den Unterschied zwischen Transformationen und der Greenfield Idee heraus. Besonders gefiel ihr, wie it-dialog an ein Greenfield-Projekt herangeht. Was hatte Michael Schmid noch gesagt? „Ein zentraler Teil der Greenfield Idee ist es bei uns, zunächst eine Analyse der Machbarkeiten anzufertigen, eine Art Due Diligence. Wir müssen wissen, ob die Firmenkultur für die Zukunft ausreicht, wir müssen weiter wissen, wie es um die technische Ausstattung des beauftragenden Unternehmen bestellt ist."

Abb. 23 Greenfield Licht und Pflanzen

Dr. Anne Stark verlässt den Konferenzraum und geht in ihr Büro. Der Begriff „Greenfield" schwirrt ihr weiter durch den Kopf. Das wäre doch einen Versuch wert? Am Abend, nach zwei weiteren, ebenso erschöpfenden wie ergebnislosen Meetings, befasst sie sich erneut mit dem Thema. Angenommen, sie beauftragt die it-dialog e.K. mit einer technischen Due Diligence, könnte ihr dann der Aufsichtsrat unangenehme Fragen stellen? Das kann man wagen, entscheidet sie. Also muss man nur noch herausfinden, ob die Grundidee des Greenfield by it-dialog wirklich zielführend ist.

Na ja, die Idee, extra eine Firma zu gründen, ist doch schon irgendwie radikal? Könnte man das nicht auch selbst machen? Diese und andere Fragen bewegen sie noch spätabends zuhause.

Am folgenden Tag spricht sie den CFO darauf an, welche Risiken aus seiner Sicht bestehen würden, wenn man eine neue, zusätzliche Firma gründet. Der CFO gibt sich bedeckt, meint aber immerhin: „Wir haben im Unternehmen ja den einen oder anderen Manager, der gerade ZBV ist." Dr. Anne Stark schüttelt den Kopf: „Das wäre mir zu unsicher, die sind ja nicht ohne Grund ZBV."

4.3   Wer geht mit?

In ihr reift der Entschluss, dem Angebot der Firma it-dialog näherzutreten. Dieser Michael Schmid scheint etwas von Digitalisierung zu verstehen, ist ja schon lange im Software Business. Was hatte er gesagt? Seine erste E-Mail erhielt er im Juni 1985? Das ist doch einmal etwas anderes. Das schauen wir uns mal genauer an, ich will selbst vor Ort herausfinden, welche Substanz dahinter steckt. Trotzdem wäre es klug, jemanden mitzunehmen.

Den Technikchef? Hm. Für den ist die Digitalisierung noch nicht bedrohlich genug. Am Ende wiegelt er ab und es passiert wieder nichts. Den Personalchef? Kommt gar nicht in Frage. Wenn wir ein Greenfield bauen, hat er darauf keinen Einfluss, also wird er torpedieren. Kommt nicht in Frage. Den Finanzer? Möglich, aber später. Der ist zwar technisch keine Leuchte, aber immerhin keine schlechte Wahl. Den Einkauf? Ja, aber auch erst im zweiten Schritt.

Frau Dr. Stark vereinbart einen Termin mit Michael Schmid und nimmt für ihren Besuch nur ihre Assistenz mit. Der erste Eindruck von it-dialog ist günstig, ihr gefallen die modernen Arbeitsbereiche, sie ist angetan von der Atmosphäre.

Kurz denkt sie daran, dass es durchaus üblich ist, dass CEOs hin und wieder mögliche Lieferanten in Augenschein nehmen. Sie weiß um mögliche Fallstricke, sie weiß, dass beispielsweise mächtige Systeme wie SAP nicht nur eingekauft werden, um damit eine spezielle Aufgabe zu lösen. Solche Vorhaben führen zu einem erheblichen Anpassungsaufwand der Organisation an sich – und bisweilen zu Problemen. Oft genug hat sie von Unternehmen gehört, bei denen solche Systeme die Organisation auf eine Art und Weise prägten, dass die unabdingbare Flexibilität verloren geht. Ich aber habe, sagt sie sich, als CEO die Aufgabe, jeden potentiellen Schaden von meinem Unternehmen abzuwenden.

4.4 Austausch

Im einleitenden Gespräch mit Michael Schmid trifft sie damit auf viel Verständnis. Schmid erklärt: „Die Schäden werden selten durch fehlerhafte Software verursacht, sondern durch eine Konfiguration, die das Unternehmen und seine Mitarbeiter an eine Belastungsgrenze führt. Wie bei einer Stanzmaschine werden Dinge festgelegt, die dann eben so sind. Die Produkte passen technisch, entsprechen aber zu wenig den Marktanforderungen.

Erst grundsätzliche Änderungen können Abhilfe schaffen."

Abb. 24 Marktanforderungen

Und Michael Schmid fährt fort: „Ein Großteil der beratenden Softwarehäuser hat auf den Markt ausgerichtete Lösungen, die entsprechend ange-passt werden müssen. Erfordert der Anpassungs-prozess ein Verbiegen des Unternehmens, ist die Grundlage für anhaltende Störungen gelegt. Die Al-ternative zum Verbiegen ist ein Neuaufbau."

Abb. 25 Firmen-Verbiegen

Dr. Anne Stark nickt, das kommt ihr plausibel vor. Vorsichtig meint sie: „Die Frage ist, wie das verträg-lich gestaltet werden kann. Der Greenfield-Ansatz scheint jedenfalls eine Möglichkeit zu sein. Aller-dings habe ich nicht nur positive Berichte über Start UPs gelesen."

Ein Greenfield ist an-
ders als ein Start-UP,
denn die Aufgaben-
stellung ist klar und
in der Blaupause de-
finiert.

Nun nickt Michael Schmid: „Ich weise immer wieder darauf hin, dass ein Greenfield-Projekt nur gattungsbegrifflich mit Start-UPs verglichen wer-den kann. Beide sind weder prozedural noch inhalt-lich miteinander vergleichbar." Anschließend er-läutert er das Vier-Phasen-Modell, mit dem it-dia-log arbeitet und betont: „Erst vor Ende der zweiten Phase wird darüber entschieden, ob eine neue Firma gegründet wird oder nicht."

Frau Dr. Stark erwärmt sich immer mehr für das Thema, am Vier-Phasen-Modell gefällt ihr auch, dass sie jederzeit aussteigen kann, dass sie die Risiken im Griff behält. Auf jeden Fall findet sie das Analyseverfahren der ersten Phase hilfreich. Eine „zweite Meinung" von ausgewiesenen Fachleuten einzuholen, ist sicher sinnvoll, sagt sie sich. Neugierig ist sie natürlich auch auf die Perspektiven.

Sie hat zum Gespräch mit it-dialog die Rahmendaten ihres Unternehmens und die internen Beschreibungen zur Lage ihres Unternehmens mitgebracht. Am Ende fasst Frau Dr. Stark den Entschluss: „Wir versuchen es." Sie folgt damit der Maxime von Günter Dueck, der postuliert: „Im Grund genommen ist Innovation Chefsache."

4.5 Beschluss

Die Zusammenarbeit beginnt. Schauplatz des nächsten Meetings ist das Unternehmen in Süddeutschland. Das Team der it-dialog und der komplette C-Level der Firma treffen sich, die it-dialog erläutert ihr Vorgehen, die Phase 1 kann beginnen. (Mehr über die konkreten Schritte finden Sie auch im 6. Kapitel:).

5. Kapitel: Mit dem digitalen Gen unterwegs

Ein Greenfield-Projekt erfordert unternehmerisches Denken, Kreativität, breite Kenntnisse quer durch die Disziplinen und Führungsqualitäten. Das alles bringe ich mit, dazu eine jahrzehntelange, erfolgreiche Tätigkeit in der IT.

Warum ich den richtigen Weg für Sie finden kann.

Den Greenfield Approach gibt es als bewährten Ansatz schon länger, wir kennen ja die Beispiele. Aber noch nie war die Zeit so reif wie heute, vermehrt auf diese Alternative zu setzen. Es ist die rasante digitale Transformation mit ihren Umbrüchen, die das Greenfield-Denken so attraktiv macht.

Für mich persönlich ist das Thema nicht neu, ich habe die Digitalisierung sozusagen in den Genen. Das hatte sich schon in meiner Kindheit angedeutet, als ich im Alter von 12 Jahren meine Modelleisenbahn selbständig automatisierte. So konnten auf ihr fünf Züge gleichzeitig verkehren, obwohl die Streckenführung eigentlich nur den parallelen Betrieb von drei Zügen erlaubte.

Wirklich digital wurde es mit meiner Gesellenprüfung zum Thema Planung und Einmessung von Richtfunkstrecken und Trägerfrequenztechniken, bei denen auf besonderen digitalen Kanälen Fernschreibsignale übertragen wurden. Das faszinierte mich und führte mich zum Studium der Physik.

5.1 Emailadresse 1985

Ich ging schon damit um, als das Digitale noch eine fast esoterische Angelegenheit war – im Juni 1985 erhielt ich meine erste E-Mail-Adresse von einem Hersteller für Standardsoftware für Kommunikationsaufgaben in Unternehmen. Seit dieser Zeit trage ich zur Digitalisierung Deutschlands bei, arbeite für Kunden quer durch alle Branchen, für den Mittelstand und für richtig große Player.

Greenfield und Disruption erfordern unternehmerisches Denken, Kreativität und breite Kenntnisse quer durch viele Disziplinen, Erfahrung im Umgang mit Menschen und Führungsqualitäten. Das alles hat mir mein bisheriger Lebens- und Berufsweg vermittelt. Hier dazu ein paar Streiflichter:

5.2 Geniale Softwareschmiede

Nach dem Studium von Physik, Geographie und Musikwissenschaft hatte ich das Glück, in einer genialen Softwareschmiede als designierter Nachfolger des Gründers zu landen. Dort lernte ich das Unternehmerische, das natürlich schon vorher in mir geschlummert hatte. Wir folgten damals schon den Inhalten des Agilen Manifestes als Gebot zum Erfolg, obwohl das Manifest noch etwa 15 Jahre brauchte, bis es veröffentlicht wurde.

Mein Aufgabengebiet umfasste zunächst neben dem Schreiben von Handbüchern die Pflege des Großrechners IBM 4361, die Kundenbetreuung und die Entwicklung einer Grafiksoftware. Damals musste alles von Grund auf erfunden werden; Module wie heute gab es nicht. Wir produzierten geniale Software für Text, Mail, Archiv, Grafik, Output Management, Rechner zu Rechner -Kommunikation und so fort. Wir betreuten rund 800 Großkunden in Deutschland wie den ADAC, die Münchener Rück, nahezu sämtliche Berufsgenossenschaften, weitere Versicherungen, den Gerling Konzern, Banken, Sparkassen, Maschinenfabriken, Autohersteller, Energieversorger, Verlage etc.. Die Produktserie wurde durch das damals weltweit größte Softwarehaus Cincom Systems hauptsächlich in den USA vertrieben.

Fax System

In der Softwareschmiede wurden zahlreiche Projekte geboren. So entwickelte ich in Zusammenarbeit mit CAE Electronics ein Fax-System, das FTZ Zulassung hatte und somit die erste Möglichkeit schaffte, aus und von Großrechnern, egal mit welchem Betriebssystem, Faxe zu versenden, mit Option auf Faxempfang und Verteilung im Unternehmen. Interessante Kunden waren die Münchener Rückversicherung, die Ford-Werke und viele andere.

Dezentrale Netze

In einem Großprojekt bei den Isar Amper Werken in München, einem Stromversorger in Bayern, hatten wir den Auftrag, herauszufinden, mit welcher Grundarchitektur alle Textvorkommnisse eines Stromversorgers in einer geografisch verteilten Niederlassungsstruktur sinnvoll möglich seien. Die Wettbewerbssysteme waren IBM Zentralrechner über Novell-Netze Richtung Windows 3.11, oder IBM Zentralrechner über IBM AIX und IBM OS/2. Und das alles mit einer Softwareserie.

Es klappte, die Bewertungsplattformen waren unter meiner Leitung verfüg- und testbar. Das Rechner-zu-Rechnersystem implementierte Techniken in ähnlicher Art, wie sie heute durch XML abgebildet werden und in Systemen wie Tivoli und ähnlichen zu finden sind.

5.3 Standardmodule für Grafiken

Wir mussten maschinennah alles selbst programmieren.

Zu jener Zeit fanden die ersten Standardmodule für Grafiken den Weg in den Markt. Wir ersannen ein Produkt, das es Studenten ermöglichen sollte, die benötigten Kopien nicht mehr mühevoll am Kopierer zu erhalten, sondern auf Knopfdruck eingescannte Bücher teilweise ausdrucken zu können.

Technisch war es fast fertig, aber die Verlage hatten Urheberrechtsbedenken.

Ein weiterer Meilenstein: Wir führten 1992 das wohl erste medizinische Dokumentationssystem in der Uni-Klinik Freiburg vor. Es war archivierfähig und vor allem transparent in der Abrechnung. Auch die Weitergabe von Krankenakten zum weiterbehandelnden Arzt war technisch möglich. Genau dasselbe System kam in der Uni-Klinik in Münster zum Einsatz. Meine digitalisierten Röntgenbilder waren besser als der Film. Zum Vergleich: die elektronische Krankenakte ist heute (2018) immer noch nicht lauffähig.

Medizinische Dokumentation

5.4 Abschied vom Großrechner

Um 1988 herum wurde uns klar, dass der Großrechner kein Geschäftsmodell bleiben wird. Er war zu teuer, zu laut, zu langsam. Mein Chef entwickelte die Vorstellung, mit einer neuen Programmiersprache alle damals wichtigen Rechnersysteme zu erreichen. Das war großartig gedacht, aber ziemlich kompliziert – das ist die IT/Softwarewelt bis heute geblieben.

Später gingen das Softwarehaus und ich getrennte Wege, wobei ich das dort gewonnene Knowhow sehr gut zu nutzen wusste.

Etwa 1996, als ich mein erstes Interim Mandat bei einem Weltunternehmen antrat. Es war auf ein Jahr begrenzt und betraf die Systembevorschlagung eines modernen Kommunikationssystems für alle in der Welt verstreute Firmen. Ein Jahr später war das in Europa firmenweit ausgerollt, meine Showcases waren 10 Jahre lang produktiv.

Ein interessanter Auftrag war auch die interimistische Assistenz des CEO und Abteilungsleitung

Service eines großen Herstellers für elektronische Archivlösungen sowie des damals führenden Fonds-Management-Systems. Mir gelang es, spezifische Projekte zu diesen Bereichen, die zuvor lange „im Stau" gestanden hatten, abzuschließen und zukunftssicher aufzustellen.

5.5 Ideen für den Markt

Ich war weiter unterwegs: Wie immer bei Wetten von Unternehmern ging die eine Sache gut, die andere nicht. Ein Max Grundig hatte Welterfolge mit seinen Radios und Fernsehern, ehe er beim Thema Video scheiterte. Ich setze auf Partnerschaften mit anderen IT-Philosophien. Da war zunächst Microsoft mit seinem NT, dann entdeckte ich die Softwareschmiede StarDivision in Hamburg. Mit deren Inhaber Marco Börries ging ich eine Partnerschaft ein, die viele Früchte trug. In jener Zeit keimte in mir die Idee, mit eigenen Unternehmen auf den Markt zu gehen, mit freien Partnern und Festangestellten. So entstand unter anderem die Firma it-dialog e.K.

Ich wählte die Bezeichnung „it-dialog", weil mir schon seit dem Ende meiner Studienzeit klar gewesen war, dass es immer wieder Verständnislücken zwischen den Gedanken und Absichten der Softwarehersteller und den Anwendern bezüglich der Funktionen und Prozesse geben wird. Oft genug wird der Anwender mit der Software allein gelassen. Mein Unternehmen setzte und setzt dem das Leitmotiv „Dialog über IT" entgegen.

5.6 „Dialog über IT"

Abb. 26 Dialog wegen IT ist immer erforderlich.

Wir unterstützen beim Kunden nicht vorrangig dessen IT in der allgemeinen Anwendung, sondern wir verstehen den Einsatz von Software viel umfassender: im Rahmen der Digitalisierung beraten wir in nahezu allen Bereichen, vom Prototypen bis zum Endprodukt, von der Forschung & Entwicklung bis hin zum Markt. Überall spielt Software eine wesentliche Rolle. Wie beim Produkt Entertain der Deutschen Telekom. Nur wer diese Thematik und diese Zusammenhänge beherrscht, sollte sich übrigens an ein Greenfield-Projekt wagen.

In den letzten Jahren haben schon viele Unternehmen meine Expertise als Multi T-Shape Professional genutzt und meine Schwerpunkte in Informationstechnologie und Telekommunikation wie

In der IT liegen mit Software und Hardware viel mehr als nur SAP

Architektur, Sicherheit und Konzeption komplexer Systeme.

5.7 Immer wieder neugierig

Ab 2020 (laut Allianz), wird die Depression (medizinisch) die Krankheit Nr. 1 sein. Dafür gewappnet im Umgang mit Mitarbeitern zu sein ist eine gute Idee)

Parallel zu allen Aktivitäten erweiterte ich stetig meinen Horizont, getrieben von einer Grundneugier. Das führte mich 2008 dazu, das Unbewusste zu studieren. Was bringt Menschen zu Entscheidungen? Ist Schizoidie unter Umständen förderlich und hilfreich? Wo liegen Ängste, was bedeutet Zwanghaftigkeit und wieviel Hysterie ist nötig? Wann werden depressive Persönlichkeiten entsprechend berücksichtigt? Ich studierte Entscheidungsfindungsprozesse und grundsätzliche menschliche Eigenschaften im Denken, ausgehend vom Unbewussten.

5.8 Was sich an Wissen zusammensammelt

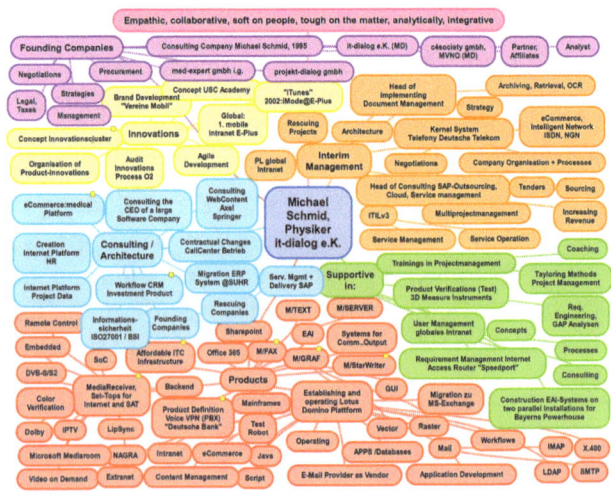

Abb. 27 Gesammeltes Wissen

Früh erkannte ich, weshalb gegenüber neuen Techniken in den Unternehmen so viele Bedenken vorherrschen, weshalb so manche „Erfindung" an ihrer Dysfunktionalität scheitert. Ich erstand 1996 einen PalmPilot und schwärmte von den tollen Möglichkeiten solcher Geräte, wenn ein ordentliches Back Office zur Verfügung steht. Der Palmpilot war ein Gerät, etwas breiter als ein Smartphone, dafür gut 10 mal so dick. Es war als Organizer gut zu verwenden. Man konnte auch Notizen verfassen. Interessant war die Eingabemethode: Mit einem Plastikstift und einer zu lernenden Handschrift, konnte man Texte eingeben.

Bedenken, Bedenken, Bedenken….

Es war somit ein gutes Gerät für viele Arten von Anwendungen wie Zugriff auf Firmendaten und Interaktionen egal von wo auf der Welt. Doch die Gespräche mit mehreren Firmenchefs der Branche waren ernüchternd. Man sah den Sinn nicht. Bis der Blackberry herauskam und genau das implementierte.

2001 habe ich die Grundideen dann doch noch verwirklichen können. Für E-Plus entwickelte ich die Grundarchitektur für iMode und mit meinen Serversystemen das wohl weltweit erste kommerziell nutzbare und bombensichere mobile Intranet auf Basis iMode und Lotus Domino. Erst später wurden derartige Plattformen sehr berühmt. Das beste Beispiel ist die Plattform iTunes von Apple. Mit meinem sicherheitsgeprüften System war ich dann in der Lage, einer Reihe von Kunden 14 Jahre lang als Cloud-Anbieter für E-Mail und Plattformen der Zusammenarbeit helfen zu können.

Aufträge zur Projektleitung eines schwedischen Anbieters für Basisplattformen in der Telefonie für große Netzbetreiber folgten. Bei diesem Kunden konnte ich zudem Anregungen zur Reorganisation des Entwicklungsbereichs der Firma geben, die auf sehr fruchtbaren Boden fielen; ich war dann auch bei der Ausgestaltung Rat gebend mit im Boot.

5.9 Projektmanagement nach Maß

Zusammen mit einem Freund gründete ich in jenen Jahren eine andere Firma, die es ebenfalls bis heute gibt: projekt-dialog gmbh. Ihr Thema: Einführung von maßgeschneiderten Projektmanagementprozessen, Teambildung und die Verbindung von Industrieprozessen und Sport. In 2003 erhielten wir zusammen mit der weltweiten Logistik von Daimler den „Deutschen Trainingspreis" in Gold für die Einführung von Methoden im strukturierten Projektmanagement. Wegen möglicher Interessenskonflikte stieg ich nach 14 Jahren aus diesem Unternehmen aus.

Ich könnte diese Liste der Projekte fortsetzen, von der Konstruktion eines virtuellen Netzbetreibers bis hin zur Schaffung einer eigenen Mobilfunkmarke für Vereine, die unter dem Namen „Vereine Mobil" vertrieben wurde. Ich könnte auch berichten über ein Projekt von 2015, in das alle meine Kenntnisse einflossen. In einer gewerblichen Immobilie mit 40.000 qm Bruttogeschossfläche sollten betreute Workspaces und Makerspaces nach dem Modell eines privaten Innovationsclusters eingerichtet werden. Das Konzept interessierte eine Reihe von Investoren weltweit, die leider alle absprangen, weil in unmittelbarer Nachbarschaft eine Erstaufnahmeeinrichtung für Flüchtlinge gebaut wurde. Das Konzept brachte mir Wohlwollen und Unterstützung im Bundeskanzleramt ein, nicht jedoch bei der IHK und anderen Organisationen.

Schade um dieses Projekt, das mir aber wertvolle Erfahrungen vermittelte.

5.10 Nutzen für die Zukunft

Diese Erfahrungen und mein bisheriger Lebensweg werden mir auch in Zukunft nutzen. Ich weiß, wie man neue Firmen gründet, wie man die organisatorischen Herausforderungen zu meistern versteht. Dazu trugen auch diverse Interim-Mandate bei mittelständischen und Großunternehmen bei. So bin ich bestens gerüstet zur Umsetzung eines anderen Architekturmodells für das Unternehmenswachstum. Ich nenne es GREENFIELD Approach by it-dialog.

5.11 Fassen wir zusammen.

Ich arbeite heute in einer Trias:

- Unternehmer und Firmengründer
- Interim Manager seit 1996
- Fachexperte in Informationstechnik und Telekommunikation seit 1975

6. Kapitel: Details zum Greenfield Approach

Ein Beispiel für Arbeitsergebnisse

Für die Durchführung von **Greenfield** Approach - Projekten hat it-dialog ein Verfahren entwickelt, das für Kunden höchst transparent und praktikabel ist. Wie schon ausgeführt, beruht es auf vier Phasen.

6.1 Timeline

Hier eine Timeline bis **Greenfield**

- ▶ 0 = Phase 0: Vertrag etc.
- ▶ 1 = Phase 1: Analysen mit Abschlussbericht
- ▶ 2 = Phase 2: Blaupause + Vergleich Transformationsprojekt
- ▶ 3 = Phase 3: Firmengründung und Aufbau

Abb. 28 Möglicher zeitlicher Verlauf der Bearbeitung eines Greenfields

6.2 Beispielpräsentation

Präsentation inklusive letzter Änderungen durch Michael Schmid

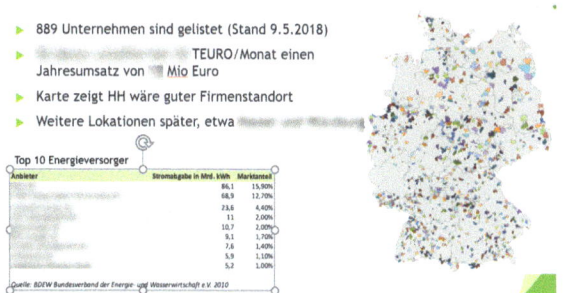

- ▶ 889 Unternehmen sind gelistet (Stand 9.5.2018)
- ▶ ▮▮▮▮▮ ▮▮▮▮▮ ▮ TEURO/Monat einen Jahresumsatz von ▮ Mio Euro
- ▶ Karte zeigt HH wäre guter Firmenstandort
- ▶ Weitere Lokationen später, etwa ▮▮▮▮▮ ▮▮▮▮▮

Abb. 29 Präsentation geografischer Bedarfsermittlung

6.3 Gantt Diagramm Greenfield

Und hier die Phasen im Detail

Ein Gantt Diagramm gehört zum Werkzeugkoffer des Projektmanagements und visualisiert zeitliche Abläufe im Projekt.

Abb. 30 Gantt-Diagramm Greenfield

6.4 Funktionsbereiche

Wie die Funktionsbereiche und der Unternehmensaufbau im **Greenfield** gemäß it-dialog aussehen:

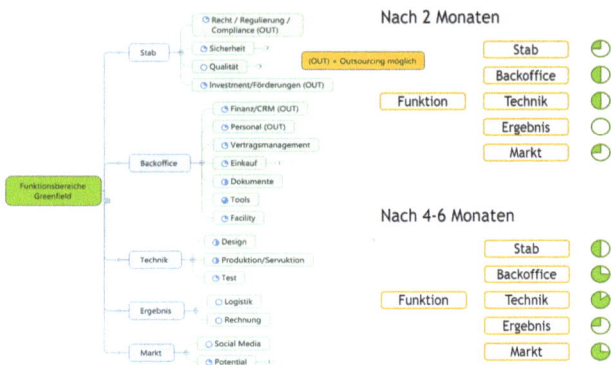

Abb. 31 Mögliche Funktionsbereiche

Die Mindmap zeigt Funktionsbereiche. Diese haben keinen Bezug zu Hierarchie.

6.5 Profil Michael Schmid

Fachlicher Schwerpunkt: Produktentwicklung, Analysen, Umsetzungen

Ausbildung: Studium der Physik (1. Staatsexamen), Geographie, Musikwissenschaft

Weiterbildung: General Management, Führung technischer Produktentwicklung, Innovation, Coaching, Projektleitung (PRINCE2), Change Management, Wirtschaftspsychologie, Strategisches Management, Wirtschafts- und Privatrecht, (IT-) Governance, Compliance, Medien und Kommunikation, ITIL Foundation, SIX Sigma

IT-Erfahrung seit 1978, Elektronik seit 1965, Digitalübertragung (Funk) seit 1974

ITK-Expertise: (Produkt-)Konzepte, ITK für Groß-organisationen, Multi Projektmanagement, Verträge, Outsourcing, Infrastruktur, SLA, KPI, Entwicklung Software und Hardware, Expertenlevel, CRM, Agile, SCRUM, Prozesse und Routinen, BPMN2, Reifegrad von Organisationen, Informationssicherheit, ISO2700x, KRITIS, Architektur, Managed Service, Cynafin-Framework

Fremdsprachen: Englisch, französisch, schwedisch, lateinisch

Softskills: Empathisch, auf Zusammenarbeit fokussiert, integrativ, analytisch, laterale Führungskompetenz

Branchen: IT, TK, Beratung, Software, Hardware, Netze, Automotive, Textil

Internet: http://www.it-dialog.com

Verbände: Familienunternehmer.eu (2003-2012), DDIM (2015-2018)

35 Jahre IT Managementerfahrung, Digitalisierung, 23 Jahre selbständiger Unternehmer, 17 Jahre Erfahrung in Telekommunikation. Coaching-Erfahrung seit 40 Jahren. Gründer verschiedener Unternehmen, Führungsmethoden, orientiert an sauberen Prozessen, Analyst, Berater, Konzeptionierer, Umsetzer. Breites und tiefes Expertenwissen in IT und TK, Architekturen und Sicherheits-Planer. Ich behandle ohnehin technisch komplexe Projekte mit entsprechenden Methoden (Pattern) und kümmere mich um wirkungsvolle Projektorganisation und rettete so viele Projekte. Multi T-Shape Professional.

Eigene Firma:

Sie arbeiten mit mir und meiner im Handelsregister eingetragenen Firma. Als Vollkaufmann und der

Beschäftigung eigener sozialversicherungspflichti-
ger Angestellter entstanden weitere Erfahrungen.
Diese Erkenntnisse setzte ich in Gründung weiterer
Unternehmen mit höheren technischen Ansprü-
chen um. Meine Selbständigkeit ist mir wichtig.

In meinen Einsätzen als Interim Manager erlan-
gen die Teams Handlungssicherheit; mein breites
und tiefes Methoden- und Sachwissen, gibt Hand-
lungsfreiheit zur Selbstorganisation im kooperati-
ven Sinne.

Neu: Gründung von Firmen anhand des Prinzips
https://greenfield.it-dialog.com

Buchautor